La ciencia en mi mundo

SÓLIDOS, LÍQUIDOS Y GASES

Angela Royston

Heinemann Library
Chicago, Illinois

Customer Service 888-454-2279

Visit our website at www.heinemannlibrary.com

Designed by bigtop
Originated by Ambassador Litho
Translation into Spanish produced by DoubleO Publishing Services
Printed and bound in China by South China Printing Company

09 08 07 06
10 9 8 7 6 5 4 3 2 1

Library of Congress Cataloging-in-Publication Data
Royston, Angela.
  [Solids, liquids, and gasses. Spanish]
Sólidos, líquidos y gases / Angela Royston.
     p. cm. – (La ciencia en mi mundo)
Includes index.
ISBN 1-4034-9106-2 (hb - library binding) – ISBN 1-4034-9113-5 (pbk.)
1. Matter–Properties–Juvenile literature. 2. Change of state (Physics)–Juvenile literature. I. Title.
QC173.36.R6918 2006
530.4–dc22
                                2006006054

Acknowledgements
The author and publishers are grateful to the following for permission to reproduce copyright material:
Trevor Clifford, pp6, 7, 8, 9, 12, 14, 15, 16, 17, 18, 19, 20, 21, 22, 23, 26; Eye Ubiquitous, p29; Robert
Harding, pp5, 10, 24; John Marshall/Agstock/Science Photo Library, p11; Pictor, p28; H Rogers/Trip, p27;
Stone: pp4, 13, 25.

Cover photograph reproduced with permission of Pictor.

Every effort has been made to contact copyright holders of any material reproduced in this book.
Any omissions will be rectified in subsequent printings if notice is given to the publisher.

Algunas de las palabras aparecen en negrita, **como éstas.**
Podrás averiguar lo que significan mirando el glosario.

Contenido

Sólidos, líquidos y gases

Todo lo que hay en el mundo es un sólido, un líquido o un gas. Los árboles, las rocas y los edificios son sólidos. Los ríos y los lagos son líquidos y el aire es un gas.

Los sólidos tienen una forma que puedes tocar. Los líquidos son mojados y toman la forma del **recipiente** que los contiene. Usualmente no ves ni sientes los gases, pero sabemos que están ahí.

5

¿Qué es un sólido?

Este dinosaurio es un sólido. Un sólido es algo con forma definida. Puedes sentir su forma cuando lo tocas.

Cada uno de estos sólidos tiene una
forma diferente. ¿Qué forma tiene la
pelota? ¿Qué forma tiene el libro?

¿Duro o blando?

Algunos sólidos son duros y otros son blandos. Este dinosaurio está hecho de plástico duro. Cuando lo aprietas, su forma no cambia.

Este oso de peluche es blando. Cuando aprietas su pelo, tus dedos hacen una **marca.** Cuando dejas de apretar, la marca desaparece.

¿Áspero o suave?

Puedes usar las yemas de tus dedos para sentir si algo es **suave** o **áspero.** La estructura metálica de la bicicleta es tan suave que brilla.

Las hojas de este árbol son suaves, pero las manzanas son aún más suaves. La corteza de las ramas del árbol es áspera, mucho más áspera que las hojas.

Cambiar de forma

Algunas cosas cambian fácilmente de forma. Con la plastilina puedes hacer muchas formas diferentes. Trata de estirarla y apretarla.

Algunas cosas se pueden doblar haciendo
una forma diferente. Una cuerda puede
enrollarse y atarse con un nudo. La rama
de un árbol también puede doblarse.

Cantidades pequeñas

Algunos sólidos se pueden dividir en cantidades pequeñas. El talco para bebés, la harina y la sal se venden en cantidades pequeñas porque así son más fáciles de usar.

Los sólidos en cantidades pequeñas a
menudo se llaman polvos. La harina se
puede verter de un **recipiente** a otro.
También se puede verter en un **montón.**

Líquidos

Los líquidos también se pueden verter de un **recipiente** a otro, pero no se puede formar un **montón** con ellos. Un líquido siempre toma la forma de su recipiente.

Cuando viertes jugo de un cartón a un vaso, toma una forma diferente. ¿Qué ocurre cuando el jugo se derrama?

Más y menos espeso

Algunos líquidos son tan espesos que casi no pueden verterse. La pintura del bote es muy espesa. **Fluye** muy lentamente.

Los líquidos menos espesos fluyen más
rápido que los líquidos más espesos. La
salsa es menos espesa que el yogur y fluye
más deprisa que él. La leche y el agua
fluyen más rápido que la salsa.

Mezclar sólidos y líquidos

Algunos sólidos y líquidos se pueden mezclar. Cuando echas pintura en polvo al agua, el agua cambia de color.

Cuando echas sal al agua, ¡la sal parece desaparecer! En realidad, la sal se **disuelve.** Comprobarás que la sal sigue ahí probando el agua.

Gases

Un gas no tiene forma definida. Flota y se extiende para llenar el espacio en el que está. En el frasco de la imagen, el espacio sobre el perfume líquido está lleno de gas del perfume.

Usualmente no puedes ver ni sentir el gas. Cuando abres el frasco de perfume, el gas se escapa del frasco. Por eso hueles el perfume.

Aire

No puedes ver el aire, pero está a tu alrededor por todas partes. Puedes sentir cómo sopla en un día de viento. El aire es una mezcla de gases.

Uno de los gases del aire es el oxígeno.
Las personas, los caballos y todas las
cosas vivientes **respiran** oxígeno. Todos
necesitamos oxígeno para vivir.

Fundir y congelar

Cuando calentamos sólidos, **se funden** y se vuelven líquidos. El chocolate usualmente es sólido, pero se funde al calentarse. Entonces se vuelve líquido y menos espeso.

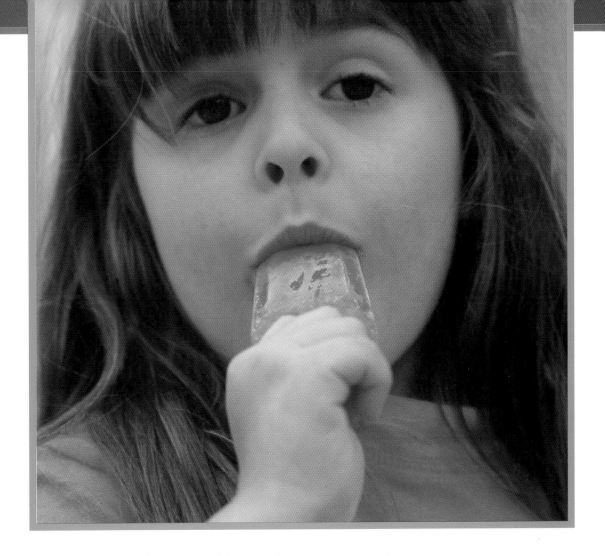

Cuando los líquidos se enfrían lo suficiente, **se congelan** y se vuelven sólidos. Este helado de jugo de frutas se hizo congelando jugo líquido. Al calentarse se fundirá.

Hielo, agua y vapor

El agua usualmente está en forma líquida, pero también puede convertirse en sólido o gas. Cuando el agua **se congela,** se convierte en hielo sólido. ¿Qué está pasando a los carámbanos?

Cuando calentamos agua, comienza a hervir. Se forman burbujas de gas en el agua caliente. El gas flota en el aire y forma vapor muy caliente.

Glosario

áspero que tiene una superficie irregular

congelar cuando un líquido se enfría mucho y se vuelve sólido

disolver mezclar y hacer desaparecer en un líquido

fluir moverse con facilidad

fundir cuando un sólido se calienta y se vuelve líquido

marca señal que se puede ver en un sólido

montón pila

recipiente algo en donde puedes guardar cosas, por ejemplo, una caja o una jarra

respirar tomar y echar aire

suave que tiene una superficie lisa

Más libros para leer

40 fantásticos experimentos Materiales y materia. Larousse México, 2005. Un lector mayor te puede ayudar con este libro.

Frost, Helen. *El agua como gas/Water as a Gas.* Bridgestone Books/Capstone Press, 2004.

Frost, Helen. *El agua como sólido/Water as a Solid.* Bridgestone Books/Capstone Press, 2004.

Índice